Género Fantasía

I0794320

¿? Pregunta esencial

¿De qué formas las personas muestran que les importan los demás?

El acertijo de Calabrese

Alejandra Sanabria Zambrano

ilustrado por Pau Estrada

Capítulo 1

Una noche lluviosa

El día que Simón cumplió 18 años, se despidió de sus padres y salió de su casa a recorrer el mundo. Había caminado todo el día, pero no quería interrumpir su marcha. De repente, todo se empezó a oscurecer y unas nubes negras como el ala de un cuervo, empezaron a cubrir el cielo. Primero fue solo una llovizna refrescante, pero luego las gotas de lluvia se hicieron más fuertes y más frecuentes, y Simón tuvo que buscar un refugio. En el horizonte, al lado del camino, vio una luz y fue hacia ella.

Simón sintió mucha emoción cuando encontró una casa al lado del camino y corrió a golpear la puerta con fuerza para que se escuchara por encima del sonido de la lluvia, pero nadie respondió a su llamado. Volvió a golpear y la puerta se abrió sola.

Adentro, la chimenea estaba encendida y calentaba la casa. La temperatura era la adecuada. Simón buscó en todos los rincones de la casa a los habitantes, pero no encontró a nadie. Se sentó junto al fuego, sacó un poco de pan de su alforja y después de comérselo se sintió mejor.

Tenía sueño, así que subió al segundo piso donde estaban las habitaciones. En vista de que no había nadie más en la casa, buscó la habitación más cálida y se sumió en un sueño profundo y relajante. Era necesario descansar y recobrar fuerzas.

En la madrugada, se despertó sobresaltado porque escuchó un ruido fuerte en el primer piso, entonces bajó con extrema rapidez, pero no encontró a nadie. El fuego de la chimenea se había consumido. Un viento helado y una niebla espesa empezaron a envolver la casa.

Salían ruidos de todos los rincones: pisadas, madera crujiendo y voces, pero no eran sonidos claros ni provenían de un lugar específico.

Al principio, Simón estaba aturdido, pero luego entendió que debía tranquilizarse si quería saber qué estaba pasando en la casa. Se quedó quieto y trató de identificar las voces. Mientras permanecía inmóvil, oyó algunos murmullos sueltos que provenían de la cocina.

Decidió acercarse lentamente y con delicadeza para que sus movimientos no se oyeran. Se quedó quieto de nuevo, cerró los ojos y agudizó sus oídos. Un hombre y una mujer conversaban. Simón apoyó su oído en la puerta para oír mejor.

La mujer estaba preocupada y sollozaba; el hombre trataba de consolarla.

—No te preocupes, sé que alguien encontrará la solución del acertijo y todo volverá a ser como antes —dijo el hombre con cierta seguridad.

—Pero nadie ha podido resolverlo y ya sabes que la persona que asuma el reto debe ser ingeniosa y también bondadosa. Será difícil encontrar a alguien que acepte el desafío y resuelva el acertijo de Calabrese —respondió la mujer, afligida y preocupada.

De repente, todo volvió a quedar en silencio y Simón regresó a la habitación e intentó dormir, pero estaba muy intrigado, las palabras de la mujer no paraban de dar vueltas y vueltas en su cabeza. No logró conciliar el sueño, estaba muy inquieto.

Amaneció y los rayos del sol acabaron con la oscuridad. La casa no se veía tan lúgubre como la noche anterior.

Sin embargo, por más que Simón recorrió la vivienda en busca de pistas, no encontró ninguna señal que le ayudara a resolver el enigma de la casa abandonada y de las voces que había escuchado la noche anterior.

Preguntó a los vecinos por los habitantes del lugar y la única respuesta que recibió fue que viajaban mucho y que debían estar en un país lejano porque desde hacía un buen tiempo habían partido. Cuando les preguntó por los ruidos y por el acertijo de Calabrese no obtuvo ninguna respuesta. No supieron de qué les hablaba.

A Simón no le pareció normal que alguien abandonara su casa por tanto tiempo. Además, lo que había escuchado la noche anterior había sido real. ¡No lo había soñado! La voz y preocupación de la mujer eran reales, así como las palabras del hombre que estaba con ella.

Decidió seguir los pasos de los dueños de la casa y visitar los últimos lugares donde habían estado. De algo estaba seguro: no ahorraría esfuerzos en descubrir lo que sucedía. Resolvería el misterio que giraba alrededor de la casa abandonada a como diera lugar.

Capítulo 2
Los rollos de Calabrese

Una amiga de los viajeros le contó a Simón que ellos estaban buscando los rollos de Calabrese y que habían viajado a Europa para encontrarlos. La mujer no sabía para qué servían los rollos, pero creía que, tal vez, podían darle poderes mágicos a la persona que los encontrara.

—¿A qué parte de Europa viajaron? —preguntó Simón con interés.

—A la provincia de Calabria, en Italia. Allá están los rollos. ¿También quieres encontrarlos? Ten mucho cuidado. No he vuelto a saber nada de mis amigos desde que fueron a ese lugar. En su última carta, me escribieron que habían encontrado los rollos y que debían descifrar un acertijo. Desde entonces no he vuelto a saber nada de ellos.

—No te preocupes —respondió Simón—, no estoy interesado en los rollos. Solo quiero ayudar a tus amigos.

Detective del lenguaje	**Busca un ejemplo de oración con signos de interrogación en esta página.**

Simón no tenía suficiente dinero para viajar a Europa, así que se embarcó en un barco carguero y trabajó como ayudante. Durante dos meses aprendió a navegar siguiendo las estrellas, a pilotar en las tempestades con vientos en contra y a sobrevivir en alta mar. También aprendió que había diferentes corrientes marinas. Algunas se debían seguir dependiendo del lugar adonde se quisiera llegar.

Llegó a España e inició su viaje hacia Calabria atravesando el sur de Francia. Allí tuvo que cruzar montañas con picos empinados que se erguían como reyes soberanos del paisaje. Otras montañas no eran tan altas, así que cruzarlas fue mucho más fácil.

En Francia, se encontró con un grupo pequeño de mercaderes. Les preguntó por los rollos de Calabrese, pero no le dieron una explicación clara.

Solo una elegante mujer que viajaba con ellos, le dijo que había una antigua leyenda. Decía que quien encontrara los rollos en la cueva de un ermitaño y descifrara el acertijo podría pedir un deseo. Si no lo lograba, sufriría un destino terrible.

Al llegar a Calabria se encontró con una zona extensa y montañosa. No supo dónde empezar la búsqueda. Se quedó en una posada donde no obtuvo ninguna respuesta a sus preguntas, así que continuó, con muchísima paciencia hacia el sur. No tenía pistas ni sabía qué hacer o qué camino seguir. Parecía como si los rollos de Calabrese no existieran o nadie quisiera hablar de ellos.

Se dio cuenta de que la mujer que viajaba con los mercaderes lo estaba siguiendo y se preocupó. Tal vez tenía malas intenciones. Simón apresuró el paso para perder de vista a la mujer.

Simón caminaba sin un rumbo fijo pensando cómo podría encontrar la cueva del ermitaño. Quizá la leyenda era real. Se sorprendió muchísimo cuando vio salir a la mujer misteriosa de un escondrijo, pero ella lo tranquilizó y le dijo que no tuviera miedo, que no le iba a hacer daño. Igual que él, ella quería encontrar los rollos y resolver el acertijo, aunque fuera muy arriesgado.

—Es mejor que vayas tú —le dijo la mujer—. Yo los he buscado por bastante tiempo y no los he encontrado, pero te diré todo lo que sé. Parece que tienes más prisa que yo en encontrarlos.

La mujer le entregó un amuleto y le dijo que tenía que ir hasta la cueva del ermitaño. Para llegar allá debía seguir el camino hasta el final y subir una montaña escarpada. Cerca de la cima estaba la cueva.

Debía entrar descalzo y mostrar al hombre solitario el amuleto que ella le había entregado. El ermitaño decidiría si Simón era digno de ver el contenido de los rollos. Si no era así, no podría hacer nada más. Tendría que salir de allí y no volver jamás.

El joven no tenía nada que perder e hizo todo lo que la desconocida le dijo y llegó a la cueva. Se quitó los zapatos y entró en silencio. Había una gran hoguera encendida y un hombre estaba sentado junto a ella. Era muy anciano. Simón lo saludó y le mostró el amuleto. El hombre lo miró y no le dijo nada, solo le hizo señas para que saliera de la cueva. El chico salió desconsolado: no era digno de ver el contenido de los rollos. Su viaje había sido en vano.

Capítulo 3

¿Cómo resolver un acertijo?

Estaba anocheciendo y Simón se quedó junto a la cueva mientras esperaba que salieran los primeros rayos del sol. Pensaba partir temprano en la mañana, pero, en la madrugada, el anciano lo llamó y le dijo:

—Sé que quieres ver los rollos para ayudar a unas personas, pero debes saber que si no eres capaz de resolver el acertijo, algo muy malo te sucederá. Te doy un mes para que lo hagas. Si en ese tiempo no has regresado a este lugar o no sabes cuál es la respuesta, tendrás un castigo. ¿Aún quieres ayudar a los viajeros?

—Sí, voy a leer los rollos —dijo Simón entusiasmado—. Estoy preparado. Muéstramelos ya, por favor.

El ermitaño sacó tres rollos antiguos y los unió encima de una piedra. Simón pudo leer el acertijo: "Se cuenta que un hombre que ve y no ve a un pájaro que no es un pájaro, posado en un árbol que no es un árbol, le tira y no le tira una piedra que no es una piedra".

Simón guardó los rollos, agradeció al ermitaño y se marchó a buscar la solución.

Detective del lenguaje | **Identifica el antecedente de la palabra *lo* del texto subrayado.**

El acertijo era más difícil de lo que pensaba, pero no se iba a dar por vencido. Ahora no solo estaba en juego la vida de los viajeros, también estaba en juego la suya. Ni siquiera sabía qué le pasaría si no descifraba el acertijo.

Durante los días siguientes, recorrió Calabria en busca de respuestas. Preguntó por la señora desconocida, pero nadie le dijo nada. En la posada tampoco la conocían. Aunque no hizo más que leer y releer el acertijo, no se le ocurría nada.

Habían pasado diez días y faltaba poco para que llegase el plazo que le había dado el ermitaño. Un día, mientras observaba los rollos, sonó la puerta de la posada y entró la mujer. ¡Ella lo había encontrado a él! Simón se alegró, sabía que solo ella podía ayudarlo en estos momentos difíciles.

Se reunieron para estudiar el acertijo y la mujer le propuso que lo descifraran por partes. Las interpretaban, formulaban posibles respuestas y rechazaban aquellas que no los convencían. Después de dos extenuantes semanas, Simón creyó que había encontrado la respuesta correcta y recorrió apresurado el mismo camino que anduvo cuando llegó a la cueva la primera vez. Al llegar, encontró al ermitaño alrededor del fuego.

—Veo que has regresado poco antes del tiempo estipulado. ¿Tienes la respuesta del enigma? —preguntó el anciano, que estaba sentado sobre una roca ancha y alta que parecía un trono.

—Sí, eso creo. El acertijo es muy difícil. No sé si mi respuesta es la correcta, pero después de mucho investigar, no he encontrado otra solución —comentó el joven ansioso—. Me arriesgaré a decirla. Dice que "un hombre que ve y no ve a un pájaro que no es un pájaro, posado en un árbol que no es un árbol, le tira y no le tira una piedra que no es una piedra". Esta es mi respuesta: el hombre solo ve por un ojo, por eso ve y no ve. Un pájaro que no es un pájaro, bien podría ser un murciélago. Un árbol que no es un árbol, puede ser un arbusto. Una piedra que no es una piedra, puede ser una piedra pómez. Finalmente —concluyó Simón—, puede ser que el hombre tuerto le lanza una piedra pómez al murciélago, posado en un arbusto, pero no da en el blanco.

—¡Increíble! Acertaste —dijo el ermitaño riendo a carcajadas—. Nadie podrá vencerte ni hacerte daño. Además, has ayudado a los viajeros y ellos deben estar muy agradecidos porque los has librado de su castigo. Ahora puedes irte tranquilo. Eres un hombre que logra lo que se propone.

Simón se despidió del ermitaño y fue a la posada, pero la mujer había vuelto a desaparecer. De nuevo, nadie sabía dónde estaba. Era como si nunca hubiera existido. Fue al norte de Italia, atravesó Francia y llegó a España y regresó en un barco, como ayudante del capitán.

Cuando volvió, fue a visitar a la amiga de los viajeros y ella le dijo que había tenido noticias de ellos. Había recibido una carta en la que le contaban que estaban bien. Simón se alegró, por fin sabría qué les había pasado. Regresó a la casa encantada y, para alegría suya, los viajeros lo estaban esperando desde hacía unos meses.

Los viajeros le contaron a Simón que intentaron resolver el acertijo de Calabrese, que hicieron el mismo recorrido y llegaron hasta la cueva del ermitaño. Él les hizo la misma recomendación, ellos continuaron y leyeron el acertijo: "¿Cuál es el animal que tiene los pies en la cabeza?". Pero, nunca encontraron la solución.

Cuando se terminó el plazo que el ermitaño les había dado, los viajeros empezaron a desaparecer lentamente, hasta que no quedó nada de ellos.

Una vez al año, por la misma fecha en que habían leído el acertijo, aparecían por unos pocos minutos. Por fortuna, Simón los había escuchado y había logrado deshacer el encantamiento que pesaba sobre ellos.

La mujer notó que algo inquietaba al joven y le preguntó qué le pasaba. Él le dijo que una misteriosa desconocida lo había ayudado, pero que había desaparecido sin dejar rastro, y que nadie sabía nada de ella.

La mujer le dijo que la desconocida era la guardiana de los rollos y que ella también había intentado ayudarlos a resolver su acertijo. Había regresado hacía poco tiempo y le había dejado un regalo a Simón: un bello carapacho con unos extraños destellos nacarados. Sonriendo, Simón se lo colgó al cuello, se despidió de los viajeros y continuó su recorrido buscando más aventuras.

Antes de irse, resolvió el acertijo de los viajeros:

—El animal que tiene los pies en la cabeza es el piojo.

Respuesta a la lectura

Resumir

Usa los detalles más importantes de *El acertijo de Calabrese* para resumir el cuento. Puedes usar el organizador gráfico como ayuda.

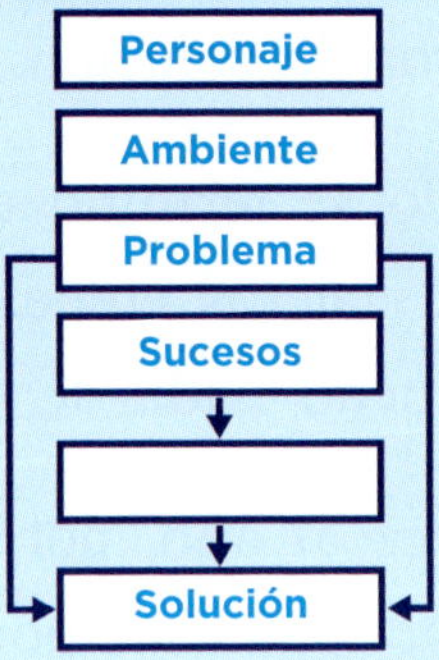

Evidencia en el texto

1. ¿Cómo sabes que el cuento *El acertijo de Calabrese* es un cuento de fantasía? Identifica tres características que te ayuden a determinarlo. **GÉNERO**

2. ¿A qué problema se enfrentaron los viajeros? ¿Cuál fue la solución? **PROBLEMA Y SOLUCIÓN**

3. En la página 2, ¿qué significa el símil "unas nubes negras como el ala de un cuervo"? **SÍMILES Y METÁFORAS**

4. Escribe cómo Simón soluciona el acertijo que le formula el ermitaño. **ESCRIBIR SOBRE LA LECTURA**

Género **Ficción realista**

Compara los textos

Lee sobre cómo un niño llegó a conocer a su vecina.

Hojas de magnolia

Esa casa es una de las pocas en la calle Magnolia, que de hecho tiene magnolias, pero que a Miguel le produce escalofríos. Los grandes árboles encierran el lugar como si trataran de esconderlo, pero en invierno, de todas formas, se puede ver directamente a través de las ramas desnudas y retorcidas. Nadie entra ni sale, nadie rastrilla las hojas de magnolia que se acumulan en el jardín.

Un día, cuando Miguel pasaba por delante de la casa, se sorprendió al ver a una anciana en su buzón de correo. Nunca la había visto antes, ni siquiera fugazmente, pero era obvio que era su buzón de correo. Retrocedió lentamente en espera de que ella no lo viera, pero lo saludó con la mano y lo llamó:

—¿Podrías ayudarme, por favor?

Miguel miró hacia atrás, pero no había nadie más alrededor. Como no podía ignorarla, caminó cautelosamente hacia ella. La mujer le sonreía:

—El pestillo me resulta complicado —dijo en tono de disculpa, mostrando sus manos—. Artritis.

Él asintió mientras recordaba que su abuela tenía el mismo problema. Haló con un poco de fuerza el oxidado pestillo.

—¡Gracias! —exclamó la mujer.

—El pestillo debe repararse. Es difícil abrirlo porque está muy deteriorado —dijo Miguel, pero se arrepintió de inmediato. Ahora ella querría que la ayudara de nuevo. La mujer lo observaba con sus ojos brillantes como los de un gorrión.

—Supongo que podría traer un poco de aceite mañana —murmuró Miguel.

—Te lo agradecería —dijo la mujer—. ¿Eres el hijo de Ángela, verdad? Cuéntale que ayudaste a Tita.

—¿Conoce a mi mamá? —preguntó Miguel sorprendido.

—Solíamos encontrarnos en la tienda —dijo Tita—, pero últimamente no salgo mucho.

Al día siguiente, Miguel volvió con aceite, un destornillador y un ramo de flores que su mamá había recogido del jardín. Tita lo invitó a entrar mientras ponía las flores en un jarrón. Era una agradable casa antigua, nada aterradora como él creía.

Mientras él aceitaba el pestillo del buzón y apretaba los tornillos, Tita lo observaba usando unos guantes que hacían ver sus manos como garras marrones de lana. Ella le preguntó sobre la escuela y sus pasatiempos. Después, cuando le preguntó si podría rastrillar sus hojas, él aceptó de inmediato.

Miguel usó un viejo rastrillo para amontonar las hojas.

—Bien hecho —dijo Tita—. ¿Qué te parecería ganar algo de dinero haciendo tareas para mí?

"¿Trabajar en la espeluznante casa de las magnolias?", se preguntó Miguel.

—Me encantaría —respondió con una amplia sonrisa.

¿? Haz conexiones

¿Por qué Miguel cambió su actitud hacia Tita la vecina? **PREGUNTA ESENCIAL**

¿Cómo demuestran Simón en *El acertijo de Calabrese* y Miguel en *Hojas de magnolia* que las demás personas les importan? **EL TEXTO Y OTROS TEXTOS**

Enfoque: Género

Fantasía En los cuentos de fantasía, los personajes, sucesos o lugares donde se desarrolla la acción no existen en la vida real. Pueden aparecer personajes fantásticos como animales que hablan o que realizan otras acciones propias de los seres humanos. También puede suceder que a los personajes les pasen cosas fantásticas como aparecer o desaparecer.

Lee y descubre En el cuento *El acertijo de Calabrese*, Simón, el personaje principal, debe encontrar la solución de un acertijo para ayudar a una pareja de ancianos. Ellos empezaron a desaparecer y solo podían volver a ser visibles si alguien bondadoso y valiente descifraba el acertijo.

Tu turno

Compárate con Simón, el personaje principal de *El acertijo de Calabrese*. ¿En qué te pareces? ¿En qué te diferencias? ¿Qué harías si estuvieras en la situación de Simón? Comenta con tus compañeros y compañeras cómo solucionarías el problema de Simón.